Dieses Buch gehört:

_____

Rainer Wolke

Wickie und das See-Ungeheuer

Wickie und die starken Männer
Lesen lernen mit Comics
Leseanfänger

Klett Lerntraining

Bibliografische Information der Deutschen Nationalbibliothek
Die Deutsche Nationalbibliothek verzeichnet diese Publikation in der
Deutschen Nationalbibliografie; detaillierte bibliografische Daten sind
im Internet über http://dnb.d-nb.de abrufbar.

Dieses Werk folgt der neuesten Rechtschreibung und Zeichensetzung.

Auflage 3 2 1 | 2016 2015 2014
Die letzten Zahlen bezeichnen jeweils die Auflage und das Jahr des letzten Druckes.

© 2014 STUDIO 100 MEDIA STUDIO 100
www.studio100.de

© Klett Lerntraining, c/o PONS GmbH, Stuttgart 2014. Alle Rechte vorbehalten.
www.lesedrachen-club.de
Der Online-Zugang zum Leseführerschein ist bis drei Jahre
nach Erscheinen des Buches gewährleistet.
Teamleiterin Grundschule und Kinderbuch: Susanne Schulz
Redaktion: Julia Maisch
Umschlaggestaltung und Layout: Sabine Kaufmann, Stuttgart
Illustrationen: Julian Jordan, Luis-José Beltran, Iñigo Motxo/Comicon, Barcelona
Satz: TEBITRON GmbH, Gerlingen
Druck: Himmer AG, Augsburg
Printed in Germany
ISBN 978-3-12-949237-6

Inhalt

Eine uralte Geschichte

Es ist ein warmer Sommerabend.
Wickie und die starken Männer
sitzen auf dem Festplatz von Flake.
Vor ihnen knistert
ein großes Lagerfeuer.
Ihr letzter Beutezug ist lange her,
und keiner hat etwas zu erzählen.

Mitten in die Stille hinein
jammert Faxe plötzlich:
„Hunger! Ich habe schon
seit mindestens drei Minuten
nichts mehr gegessen."
Wütend haut Halvar
mit der Faust auf den Tisch.
„Dir ist es doch nur langweilig",
schimpft er laut.

Wickie tippt den alten Urobe an:
„Kannst du uns nicht etwas Spannendes
aus deinem Leben erzählen?",
bittet er ihn.
Auch die anderen Wikinger
möchten eine Geschichte hören.
Alle rücken eng zusammen
und warten gespannt.
Urobe muss nur kurz überlegen.
Dann beginnt er seine Geschichte:
„Vor langer Zeit lebte ein König
mit dem Namen Rotbart ..."

Er raubte die halbe Welt leer...

„Und das Schiff von Rotbart versank
mit all seinen Schätzen im Meer",
beendet Urobe die Geschichte.
„Aber was hat ihn in dieses
gefährliche Gewässer getrieben?",
will Wickie wissen.
Urobe holt tief Luft und flüstert:
„Das weiß keiner. Aber es heißt,
dort wohne ein See-Ungeheuer!"

Wieder donnert Halvar laut
mit der Faust auf den Tisch.
„Papperlapapp!", poltert er los.
„Das ist doch nur wieder
eine Erfindung von dir!"
Wütend springt er auf.
„Männer! Herhören!",
brüllt er durch die Nacht.
„Den Schatz holen wir uns!"

9

Auf zum Helm-Felsen!

Gleich am nächsten Morgen
legt das Drachenboot ab.
Halvar gibt das Kommando:
„Männer, Segel setzen!
Volle Fahrt voraus zum Helm-Felsen!"
Die Fahrt dauert lange.
Drei Tage sind sie unterwegs.

10

Am vierten Tag endlich
brüllt Gorm laut aus dem Ausguck:
„Da vorne ist der Felsen,
der wie ein Wikinger-Helm aussieht."
Halvar ruft begeistert:
„Jetzt müssen wir nur noch
auf den Meeresgrund tauchen
und das Gold heraufholen!"
Da werden plötzlich alle ganz still.

11

„Ähm, Chef … ",

meldet sich Snorre schließlich zu Wort.

„Außer Wickie kann aber doch

keiner von uns schwimmen."

Fragend sieht Halvar Wickie an.

„Ich gehe hier nicht ins Wasser!",

protestiert Wickie schnell.

„Was soll ich denn machen,

wenn dann das Ungeheuer kommt?"

Halvar schüttelt wütend den Kopf.

„Wickie! Es gibt überhaupt kein …"

Doch plötzlich …

Donnernd kracht das Drachenboot
gegen den großen Felsen.
Und sofort schießt Wasser
durch ein Leck im Rumpf.
Das See-Ungeheuer taucht ab
und ist so schnell verschwunden,
wie es gekommen ist.

14

Wickie zittert vor Angst.

Werden sie jetzt sinken?

Wie damals König Rotbart?

Jetzt kann sie nur noch

eine gute Idee retten.

Wickie überlegt angestrengt.

Er reibt seine Nase …

Das See-Ungeheuer kommt

„Wickie, tu' doch was!",
jammert Snorre.
„Wir müssen das Loch stopfen,
sonst ist es aus mit uns!",
brüllt Halvar aufgeregt.
In Wickies Kopf rasen die Gedanken.
Plötzlich schnipst er mit den Fingern.
„Ich hab's!", ruft er laut.

„Ein Loch stopft man am besten
mit einem Korken", erklärt Wickie.
„Wir haben keinen so großen Korken!",
antwortet Halvar sauer.
„Nein, aber wir haben etwas
viel Besseres: Faxes Popo!",
sagt Wickie schließlich.
Sofort setzt sich Faxe auf das Loch
und das Wasser hört auf zu sprudeln.

„Hurra! Wickie hat uns gerettet!",
rufen die starken Männer.
Urobes Gesicht aber bleibt ernst.
„Jetzt nichts wie weg hier,
bevor das See-Ungeheuer
zurück kommt!",
mahnt er die Wikinger.
Doch in diesem Moment
wackelt schon das Schiff.
Und nur drei Meter entfernt
taucht das Ungeheuer wieder auf.

Es wird ernst!

Auch Wickie sieht sich verzweifelt
nach einem Versteck um.
Doch er kann nichts Geeignetes finden.
Sie sind auf dem Boot gefangen.
„Verschwinde! Hau bloß ab!",
brüllt er dem See-Ungeheuer zu.

Aber anstatt wegzuschwimmen,
kommt das See-Ungeheuer immer näher.
Das Drachenboot wackelt so sehr,
dass sich die Wikinger
gut festhalten müssen.
„Das ist unser Ende", flüstert Ulme.
Und beinahe glaubt Wickie ihm.

Die Falle schnappt zu

„Verschwinde! Lass uns in Ruhe!",
ruft Wickie noch einmal.
Doch das See-Ungeheuer
brüllt jetzt noch lauter als zuvor.
Da macht Wickie
eine interessante Entdeckung:
Im Maul des Ungeheuers
steckt ein spitzer Stachel!

22

„Ich weiß jetzt,
warum das See-Ungeheuer
so wild ist und so laut faucht!",
ruft Wickie den Wikingern zu.
„In seinem Maul steckt ein Stachel,
und der tut ihm schrecklich weh.
Wir müssen ihm unbedingt helfen!"

23

„Sehr richtig!", verkündet Halvar.

„Das ist mir auch gerade aufgefallen.

Wir müssen den Stachel rausziehen.

Freiwillige vor!"

Natürlich meldet sich keiner

der starken Männer freiwillig.

Denn niemand möchte

einem See-Ungeheuer ins Maul fassen.

Also ruft Wickie:

„Ich mach das!

Aber ich brauche Ulmes Hilfe!"

Was hat Wickie nur vor?

Kaum hat Wickie
den Stachel herausgezogen,
wacht das See-Ungeheuer
auch schon wieder auf.
Müde blinzelt es Wickie an
und lächelt dankbar.
„Schaut mal, es ist eigentlich
ganz freundlich",
stellt Wickie strahlend fest.

„Es hatte nur Schmerzen.
Deshalb hat es so gebrüllt!"
Aus Dankbarkeit taucht das Ungeheuer
auf den Meeresboden hinab
und holt König Rotbarts Schätze herauf.
Das Loch im Rumpf stopft Faxe
mit einem großen Sack Gold.
„Ende gut, alles gut", freut sich Halvar.
Sofort beginnt er, die Beute zu zählen.

Starke Fragen
für helle Köpfe

 **1** **Warum soll ausgerechnet Urobe**

eine Geschichte erzählen?

    L ☐ weil er schon viel erlebt hat

    K ☐ weil er so gern redet

    U ☐ weil er ein Vorlesebuch besitzt

 2 **Wie heißt der König**

in Urobes Geschichte?

    C ☐ Blaubart

    R ☐ Schwarzbart

    A ☐ Rotbart

3 Wie sieht der Felsen aus,
den die Wikinger im Meer suchen?

F ☐ wie ein Indianerpfeil

G ☐ wie ein Wikingerhelm

W ☐ wie ein Eskimoschlitten

4 Womit stopfen die starken Männer
das Loch im Schiff?

Ü ☐ mit Ulmes Harfe

E ☐ mit Faxes Popo

F ☐ mit Gorms Fernrohr

5 Was taucht aus dem Meer auf?

J ☐ eine Insel

S ☐ der Schreckliche Sven

R ☐ ein See-Ungeheuer

 **Wo versteckt sich Snorre,**
als er das Ungeheuer sieht?

F in einem Fass

Q hinter Tjure

A unter einem Segel

 **Woher könnte der Stachel**
im Maul des Ungeheuers stammen?

E von einem See-Igel

G von einem See-Stern

W von einer Qualle

 **Weshalb soll Ulme ein Lied**
für das See-Ungeheuer singen?

Ä Es hat Geburtstag.

T Es liebt Musik.

U Es soll einschlafen.

 **Wie bedankt sich das Ungeheuer bei den Wikingern?**

E   Es taucht nach Schätzen.

B   Es tanzt im Meer.

U   Es schwimmt davon.

 Welches Sprichwort passt zu dieser Geschichte?

J   Der Klügere gibt nach.

R   Ende gut, alles gut.

U   Aller Anfang ist schwer.

Trage die richtigen Buchstaben in die Kästchen auf Seite 38 ein.

Mitmach-Seiten

STACHEL

SCHIFF

UNGEHEUER

MEER

ROTBART

SCHLAFLIED

GOLD

DRACHENBOOT

Die Wörter der linken Seite
haben sich im Gitterrätsel versteckt.
Suche sie und male sie bunt an.

F	E	U	B	I	H	K	C	S	W	I	Z
D	R	A	C	H	E	N	B	O	O	T	L
X	F	B	Z	I	H	B	P	G	B	J	E
S	C	H	L	A	F	L	I	E	D	H	U
T	W	R	X	Y	A	H	U	I	O	M	N
A	B	C	X	D	G	O	R	Q	M	N	G
C	T	E	S	I	U	F	Q	Y	E	O	E
H	T	S	C	H	I	F	F	U	E	R	H
E	C	D	U	I	E	D	S	K	R	A	E
L	D	S	G	O	L	D	U	X	C	N	U
N	I	R	E	D	F	G	H	J	D	Q	E
R	O	T	B	A	R	T	W	E	Z	U	R

Suche die passenden Bildausschnitte und ordne sie dem Bild zu.

Trage dazu die richtigen Buchstaben in die Kreise ein.

Das See-Ungeheuer sucht
seinen Schatten.
Welcher Schatten ist der richtige?
Kannst du ihm helfen?

Lösungen

Seite 32/33

F	E	U	B	I	H	K	C	S	W	I	Z
D	R	A	C	H	E	N	B	O	O	T	L
X	F	B	Z	I	H	B	P	G	B	J	E
S	C	H	L	A	F	L	I	E	D	H	U
T	W	R	X	Y	A	H	U	I	O	M	N
A	B	C	X	D	G	O	R	Q	M	N	G
C	T	E	S	I	U	F	Q	Y	E	O	E
H	T	S	C	H	I	F	F	U	E	R	H
E	C	D	U	I	E	D	S	K	R	A	E
L	D	S	G	O	L	D	U	X	C	N	U
N	I	R	E	D	F	G	H	J	D	Q	E
R	O	T	B	A	R	T	W	E	Z	U	R

Seite 34/35

1-B

2-E

3-U

4-T

5-E

Seite 36

Der richtige Schatten des Ungeheuers, ist der Schatten mit der Nummer fünf.

Lese-Führerschein

Lösungswort

Hast du alle Fragen beantwortet?
Dann trage hier die Buchstaben der
richtigen Antworten ein.

1 2 3 4 5 6 7 8 9 10

Tipp: Das Lösungswort hat etwas mit
der Geschichte zu tun!

Gehe jetzt gemeinsam mit deinen
Eltern auf **www.lesedrachen-club.de**

So geht's zum Lese-Führerschein

1. Melde dich kostenlos mit einer E-Mail-Adresse und einem Passwort an.

2. Klicke dann auf Start, und wähle auf der Seite dein Buch aus.

3. Gib nun das Lösungswort ein, bestätige die Eingabe mit OK. Schon hast du 100 Punkte auf deinem Punkte-Konto gutgeschrieben!

4. Nun kannst du dich mit den Lese-Übungen, die für dein Buch angezeigt werden, im Lesen richtig fit machen und die noch fehlenden 50 Punkte für deinen Lese-Führerschein sammeln.

5. Hast du alle Fragen richtig beantwortet? Dann wartet dein Lese-Führerschein auf dich!

Viel Erfolg!

Lesen lernen mit dem Schulbuchprofi ...

... und Wickie,
mit starken Fragen für helle Köpfe

Wickie und die starken Männer
Wickie und der geheimnisvolle Fremde
Leseanfänger
978-3-12-949238-3
Mit Comics!

Wickie und die starken Männer
Wickie bei Häuptling Dicker Büffel
Leseanfänger
978-3-12-949229-1
Mit Comics!

Wickie und die starken Männer
Das Geheimnis von Burg Eisenstein
Leseanfänger
978-3-12-949228-4
Mit Comics!

Wickie und die starken Männer
Wickie in der Klemme
1. Klasse
978-3-12-949068-6

Wickie und die starken Männer
Affentheater an Bord
1. Klasse
978-3-12-949052-5

Wickie und die starken Männer
Wickie wird entführt
2. Klasse
978-3-12-949053-2

Wickie und die starken Männer
Das große Hicksen
2. Klasse
978-3-12-949054-9

STUDIO 100
© 2014 Studio 100 Media GmbH
www.studio100.de

Für Wickie Fans von jung bis alt –
Wissenswertes rund um Wickie und die starken Männer

**Wickie
und die starken Männer
Das Fanbuch**
978-3-12-949128-7

Fördert mit Spaß:
Deutsch, Rechnen und Konzentration

**Wickie
und die starken Männer
Clever durch die 1. Klasse mit Wickie**
978-3-12-949290-1